La Magie

de

l'instant

La Magie de l'instant

David Gabriel

Édition : BoD • Books on Demand GmbH, In de Tarpen 42,
22848 Norderstedt (Allemagne)
Impression : Libri Plureos GmbH, Friedensallee 273,
22763 Hamburg (Allemagne)

ISBN : 978-2-3224-9756-0
Dépôt légal : Novembre 2024

La Magie de l'Instant ✦

La magie de l'instant c'est quoi ? C'est simplement l'art de saisir un instant... et de le faire... durer. Si l'on est pleinement conscient d'un moment et que l'on s'autorise à exprimer librement les émotions qui nous traversent lorsqu'elles surviennent, nous pouvons ainsi sublimer l'instant et le faire briller de tout son éclat. Lui permettant ainsi de quitter l'éphémère pour venir se graver dans notre mémoire, où il demeurera désormais éternel et pourra s'illuminer à chaque fois que nous y repenserons.

La vie est faite d'instants. Quand on prend le temps d'y penser, on s'aperçoit que notre existence n'est en effet composée que d'une pluie de fragments. Et en fonction de la qualité de présence que nous allons offrir à ceux-ci, notre destinée se dessinera de façon plus ou moins claire ou obscure.

Lorsque quelque chose se produit, peu importe de quoi il s'agit, que ce soit une goutte d'eau qui tombe sur le sol, une conversation animée avec quelqu'un, l'observation et l'écoute d'un oiseau qui chante, etc. L'interprétation, ce que nous ressentons comme émotion et la réponse que nous choisissons de donner à cet événement sont les éléments qui déterminent ce que nous sommes dès lors en train d'attirer à nous par la suite. D'où l'importance de s'assurer d'overkiffer chaque instant qui s'offre à soi afin de vivre notre vie de la plus agréable des manières.

Par principe, chaque instant est unique. Une seconde passée est une seconde qui ne revient pas. Et chacune de ces étincelles temporelles porte en elle les prémices d'un bonheur éternel. Mais pour beaucoup de personnes, répéter une routine négative ou un atavisme contre-productif est ce qu'ils font par défaut la majorité du temps. De ce fait, la magie et l'unicité que contiennent ce moment sont masqués par ce comportement. Et par conséquent, nous passons à côté de l'événement, et de l'opportunité de kiffer l'expérience nous échappe.

Afin de vivre pleinement sa vie dans l'overkiffance, il faut apprendre à lâcher tout ce qui nuit à notre bien-être. À savoir, les filtres mentaux à travers lesquels on nous a enseigné à voir le monde. Par exemple, il est bon de savoir qu'il n'y a pas de compétition et qu'il y a assez pour chacun. Il existe une infinité de ressources et d'opportunités. Autant que nous désirons en avoir. Inutile donc de se battre pour quelque chose que l'on possède déjà en essence et qui nous est dû naturellement. De même, il y a assez de temps pour être ce que nous désirons être et nous avons le potentiel de devenir tout ce que nous souhaitons devenir. Personne n'a le pouvoir de nous enlever cela si ce n'est nous-mêmes en acceptant de croire des mensonges. La vérité c'est que tout ce que nous pouvons voir en esprit, et croire que nous le possédons déjà, en nous sentant bien dès maintenant, met en marche l'énergie universelle à notre avantage afin que notre désir se concrétise. Dans le cas contraire, en refusant d'embrasser l'instant présent (car jugé imparfait et/ou injuste) inconsciemment, nous retournons cette énergie et l'utilisons contre nous en imaginant le pire et en se sentant médiocre et incapable. Nous sommes responsables de notre vie et personne ne peut vibrer et créer quelque chose à notre place. L'on peut s'aider mais pas manipuler les choses et les autres par la force. Cela n'apporte rien de bon. Chacun a son libre arbitre. Pour rappel, on ne peut rien améliorer en se sentant mal. Kiffer l'instant est donc notre meilleure chance de vivre un demain plus brillant.

Le monde est notre miroir, notre photocopieuse et notre boomerang. Ce que nous affichons il va nous le refléter. Si tu souris, la vie le reflétera et t'offrira de quoi sourire encore plus. Si tu places de la tristesse dans la photocopieuse, il va la multiplier. Même phénomène si tu y places de l'amour. L'amour sera multiplié. Si tu envoies de la colère violemment, elle te reviendra à coup sûr sous une forme ou sous une autre tel un boomerang. Ce que tu envoies, tu le reçois. Peu importe à quoi tu penses, passé, présent ou futur, l'univers capte tes ressentis et y répond. Sans faillir. À chaque seconde qui passe. Il n'y a jamais d'arrêt. C'est un processus constant. On récolte ce que l'on sème. Point. Alors dès maintenant, assure-toi de cultiver la vie dont tu rêves plutôt que celle que tu redoutes.

Voilà pour la théorie. Pour vraiment résumer. Si tu désires en savoir plus sur le contexte, n'hésite pas à découvrir mes autres livres dont « Comment vivre sa vie selon ses envies ».

Une fois libéré de nos schémas de pensées limitant, on peut vraiment commencer à overkiffer notre vie. Maintenant, en quoi la magie de l'instant change-t-elle la donne ? Et ce dans différents domaines ? Voici la réponse.

La Magie des Relations✦

Apprendre à reconnaître et à pratiquer la magie de l'instant transforme les relations de façon incroyable.

Pourquoi ?

Parce que ma règle d'or qui est « D'être de bonne compagnie » dont je parle dans d'autres de mes livres, s'applique justement grâce à la qualité de la présence que l'on offre à l'autre personne. Au plus l'on apprend à être dans le présent et à exprimer ce que l'on ressent clairement, au plus nous pouvons partager un échange sincère avec l'autre. Et, cette règle magnifique est applicable pour tout type de relation. Qu'elle soit, amicale, familiale, amoureuse, occasionnelle, professionnelle, ... Peu importe le style de rapports que nous entretenons, ils s'en verront immédiatement transformés positivement grâce à notre nouvelle attitude.

Alors, comment intégrer la magie de l'instant pour métamorphoser nos relations ?

Pour ce qui est d'avoir des relations positives et saines, les qualités que l'on recherche généralement à posséder pour plaire, que l'on apprécie voir chez quelqu'un ou que l'on s'attend à retrouver chez une personne, et qui peuvent parfois sembler très nombreuses, viennent en fait naturellement si l'on cherche à être de bonne compagnie. C'est simplement du bon sens. En voulant être agréable à l'autre personne, il est évident que nous n'allons pas lui mentir, la voler, l'insulter, la frapper, la brusquer, la diminuer, etc. Car nous ne voudrions pas qu'elle nous fasse cela à nous-mêmes. Donc par défaut, nous allons offrir l'opposé. À savoir, si on aime être libre, on laisse l'autre être libre. Si on aime la confiance, on est honnête envers l'autre. Si on apprécie être complimenté, on souligne ce que l'on apprécie chez l'autre. Si on aime la délicatesse et les petites attentions, on prend soin de l'autre, etc. Mais si nous n'avons pas appris certaines manières au cours de notre développement, comme par exemple, à ne pas utiliser le mensonge par peur de déplaire à quelqu'un, ou pour essayer vainement de s'attirer ses bonnes grâces, il n'est jamais trop tard pour évoluer. C'est pour cela que je conseille ce rappel au lieu de citer trente-six mille règles et critères à développer. En se concentrant uniquement là-dessus (Être de bonne compagnie) notre esprit est léger, dénué de toute négativité et de ce fait, tous les comportements adéquats vont se mettre en place par eux-mêmes. A l'inverse, tous ceux qui provoquent un effet contraire au bien-être sont remis en question immédiatement et annulés avant d'avoir lieu. Il suffit dès lors d'écouter notre intuition et les mots et les gestes idéaux suivront. Dans chaque situation. Après, que l'on plaise à l'autre ou pas, c'est une autre question. Être de bonne compagnie ne signifie pas plaire à tous. Cela veut dire être soi de la manière la plus agréable possible et respecter tout un chacun. Étant la propre source de notre bonheur, nous n'imposons de pression à personne et ne dépendons pas d'une réponse favorable de quiconque. Nous proposons simplement notre bonne humeur et en profitera qui le voudra.

Vis-à-vis des relations occasionnelles ou des personnes que l'on ne voit qu'une fois dans sa vie, il est d'autant plus important d'être pleinement soi-même et de profiter de l'instant, car nous n'avons qu'une seule occasion de faire une première impression. Et si l'on ne revoit jamais cette personne, autant faire en sorte que ce moment soit agréable et mémorable. Pour elle comme pour nous.

Amicalement ou amoureusement, tout comme pour les autres types de relations, il est crucial d'être présent pour vivre pleinement l'instant, sinon on ne comprend pas l'autre. On le voit sans le regarder, on l'entend sans l'écouter, on ne capte pas son point de vue ni ses ressentis et surtout, on n'est pas soi-même. Et si nous ne sommes pas nous-mêmes, alors que sommes nous ? Eh bien, simplement le produit d'une programmation mentale. Positive ou négative. Étant coincés dans notre tête, nous passons à côté du moment et répondons automatiquement par conditionnement. Nos gestes et nos mots viennent par réflexe. Ce n'est pas conscient. D'où autant de relations superficielles, toxiques, etc. La solution à cela est donc de vivre pleinement l'interaction comme elle vient sans la mentaliser. Il n'y a pas de passé ni de futur. Notre esprit est juste totalement ancré dans le présent. Il n'y a pas d'attentes donc pas de pression. On suit simplement notre inspiration. Si elle nous pousse à agir nous agissons, si elle est silencieuse nous profitons du silence, etc. On s'autorise ainsi à être pleinement nous-mêmes et à ressentir entièrement nos émotions lorsqu'elles surviennent. De ce fait, pas de regrets à avoir. On kiffe juste le moment.

Par rapport aux relations parents-enfants par exemple, il n'existe pas de « Manuel du Parent Parfait ». Même si certains comportements sont préférables a d'autres, il n'empêche que chaque parcours est différent et qu'on ne sait jamais quoi va mener qui là où il ira. Alors inutile de se blâmer ou de juger autrui sévèrement. L'important est de faire de son mieux, être un havre de paix sécurisant, apprendre, tirer des leçons constructives et d'être à l'écoute de l'autre. Une vraie écoute. Sans lunettes de préjugés, ni de casque à oreilles sélectives. Offrir support et outils d'indépendance a l'enfant afin qu'il ait confiance en lui et puisse se débrouiller seul au plus vite. Peu importe son âge ce processus reste valable. Comment faire tout cela ? En se rappelant d'être de bonne compagnie pour son enfant. Être un parent idéal c'est être une figure d'autorité respectée, un exemple à suivre, mais également un(e) ami(e), un(e) confident(e), un lieu de repos ou toujours l'on peut se réfugier et se ressourcer sans crainte d'être jugé ou repoussé. Être le parent que l'on aurait voulu avoir ou celui que l'on a admiré et admirons encore.

La vérité c'est que nous sommes tous différents. Et ce qui fait la richesse de ce que nous avons à partager, provient justement du fait de vivre des choses différentes, et de les vivre à notre manière. Chacun perçoit les choses à sa façon et fait des activités différentes et c'est une bénédiction. Car c'est ce qui crée l'intérêt de l'échange. En effet, en quoi serait-il par exemple bénéfique et intéressant d'avoir tous la même carte de collection à partager ? Personne ne pourrait compléter son album n'est-ce pas ? C'est au contraire beaucoup plus fun d'avoir chacun des doublons dont on veut se débarrasser et de s'apercevoir que l'autre ne les a pas et recherche justement ceux que nous nous avons en trop. Eh bien, la vie, c'est la même chose. Pourquoi sans cesse se comparer et se dévaluer en se disant : je n'ai jamais fait ceci, je n'ai jamais été là-bas, lui il a fait cela, elle possède ceci, mais moi je ne sais pas faire ça, ou, jamais je ne parviendrai à faire ceci, etc. Ces auto-jugements négatifs ne servent qu'à générer un malaise en nous. Ce qui est logique car ce que nous sommes en réalité est illimité et n'a pas de prix. En tant qu'être spirituel indestructible notre valeur n'est pas déterminé par nos actions ni nos possessions. Rien que nous puissions faire ou dire ne peut changer ça. Nous sommes ici pour expérimenter des choses et nous amuser. Pas pour nous critiquer, nous comparer et nous limiter. La vie est censé être fun. Et c'est en faisant des erreurs que l'on apprend. On se découvre, on peaufine, on change de cap, on explore. L'important ce n'est pas la destination mais l'expérience que l'on vit pendant le trajet.

La Magie de la Santé 

Vivre la magie de l'instant est la meilleure garantie d'une santé qui perdure, car au plus tu te sens bien, au plus ton corps se sent bien. Il est impossible d'être touché par la maladie si ton corps vibre à de hautes fréquences. Et le bonheur est l'une des plus hautes vibrations qui soit. Donc à chaque fois que tu t'autorises à danser et à kiffer ta vie, sans le savoir, tu te fais le meilleur des cadeaux. Tu renforces ta santé et tu prolonges ta durée de vie. De même lorsque tu as un fou rire.

Donc le but de chaque jour, c'est d'accumuler le plus de kiffance possible. Et pour ce faire, il suffit de générer les pensées les plus agréables qui soient et de faire le maximum d'activités qui te font te sentir bien. Vois toi au sommet, en pleine forme, ressens la santé, la fougue, la détente, souris, rigole, crie, exprime la vie dans sa quintessence. Au plus souvent tu fais cet exercice, au plus vite tu te sentiras mieux. L'essentiel étant de le faire maintenant. Tout ton pouvoir se trouve dans l'instant présent. Alors n'attends pas le moment idéal et transforme ce fragment brut en ce que tu souhaites expérimenter. Imagine le meilleur et le meilleur te sera offert.

La Magie du Succès

La magie de l'instant est intrinsèquement lié au succès que tu vas avoir dans ce que tu fais. Car si tu apprends à sublimer le présent et à t'y consacrer pleinement, la qualité de ton activité s'en voit améliorée et l'impact qu'elle produit perdure dans le temps. C'est ainsi que l'on peut se rappeler éternellement d'une scène d'un film qu'on a adoré, d'un plat que l'on a savouré étant enfant, un endroit que l'on a visité, une frayeur qui nous a fait frissonner, l'envol d'un oiseau que l'on a contemplé, une chanson qui nous a transporté, un baiser que l'on a échangé, un morceau de conversation que l'on a partagé, une blague qui nous a fait pleurer de rire, etc. Le fait d'être totalement présent et de vibrer une émotion intensément grave un souvenir indélébile dans notre mémoire et nous sommes capables de ce fait de nous remémorer cet instant des années et des années après que cela se soit produit. Et chaque fois que nous y repensons, nous renforçons la clarté de l'image mentale que nous en avons et nous pouvons ressentir l'émotion qui s'y rattache.

Donc quoi que tu fasses, fais-le totalement. Mange consciemment et savoure ta nourriture. Ressens chaque escalier que tu gravis, chaque matière que tu effleures, chaque parfum que tu respires, chaque goutte de pluie qui te touche, … Fais vivre chaque mot que tu prononces, chaque pas que tu fais, chaque mouvement, chaque caresse, … Apprécie tout cela et sois reconnaissant de pouvoir vivre toutes ces expériences. Imprègne-toi au maximum de ces sensations.

Si tu ne sais pas quoi faire, suis simplement ton inspiration et kiffe au mieux le moment. Dirige-toi vers ce qui te fait te sentir bien là maintenant. Coiffer tes cheveux, aller marcher, faire une sieste, écrire, écouter de la musique, regarder une série, cuisiner, faire du sport, jardiner, crier, etc. L'essentiel étant d'être totalement dans ton activité et d'en apprécier chaque seconde. Ainsi tu recevras d'autres idées pour kiffer encore plus et tu entameras un cycle positif d'overkiffance.

Pour profiter pleinement d'un instant, il faut s'autoriser à être soi. Et accepter d'être soi, c'est faire la paix avec le fait d'être rejeté par les autres. Une fois que tu es à l'aise avec le fait de ne pas plaire à tous, tu permets à ceux qui t'apprécient réellement de te découvrir.

La Magie d'être Soi✦

Comment être soi ?

Si tu vois souvent cette phrase "Soi toi-même" et que tu te demandes ce que ça signifie et de comment l'appliquer, voici quelques conseils pour t'aider à te découvrir et à être toi-même au quotidien.

Il y a quelque chose en toi qui est toujours présent, même lorsque tu dors. C'est la conscience que tu existes. Tu as conscience d'avoir un corps, un mental et d'être en vie. Tu as conscience d'avoir des pensées et des émotions. Tu as conscience que tu dors et que tu rêves. De même lorsque tu es éveillé. Et si tu fais abstraction de la peur psychologique d'être jugé par les autres, de ton passé, de ton futur paranoïde et de toutes les pensées négatives qui parasitent ton cerveau, reste alors ton instinct, tes envies et ton bonheur naturel. À chaque seconde qui passe, si tu te laisses vivre en suivant le flot de l'univers sans essayer de contrôler quoi que ce soit, l'inspiration s'écoulera paisiblement en toi et tu n'auras qu'à la suivre sans réfléchir. Tu seras toujours guidé dans la bonne direction. C'est ainsi qu'on se sent le plus vivant. Lorsque l'on agit comme on le sent. Les meilleurs événements surviennent toujours au moment où l'on s'y attend le moins et de la manière la plus surprenante qui soit.

Apprends à écouter ta voix intérieure et à lui faire confiance. Si elle t'inspire des mots ou des actions, agit selon eux même si tu ne comprends pas sur le moment pourquoi tu fais ce que tu fais et tu seras agréablement surpris du résultat.

Au plus tu apprends à agir ainsi, au plus vite cela devient une seconde nature et ta vie s'en voit transformée pour le mieux.

C'est là que la magie opère et que tout devient plus léger. Plus de sentiments agréables égal une vie plus libre. Et une vie plus libre égal plus de bonheur. C'est un cycle positif qui t'emmène vers les plus hauts cieux.

Si tu as du mal à te laisser aller, essaie cet exercice. Lorsque quelque chose survient, pose-toi cette question. Que ferait mon moi idéal dans cette situation ? Et agit comme lui/elle. Au début tu vas peut-être te trouver ridicule et tu n'auras pas l'impression d'être à la hauteur du scénario que tu avais en tête. Mais à force d'agir ainsi, la personne que tu projettes et celle que tu es ne feront plus qu'une. La personne que tu veux être l'emportera sur la personne que tu crois devoir être là maintenant. Et ce pour ton plus grand kiffe.

Conclusion ✦

Apprendre à vivre la magie de l'instant est le plus beau cadeau que tu puisses te faire. Toutes tes expériences s'en verront transformées et ta vie sera métamorphosée pour le mieux. Tu connaîtras un bonheur sans limite et une allégresse comme jamais encore tu ne l'avais ressenti. Qui sait ce que tu deviendras et accompliras grâce à elle ? Toi seul(e) décide du chemin que tu veux emprunter. Et le mieux dans tout ça, c'est que c'est gratuit et que tu peux commencer dès aujourd'hui. C'est un concept simple mais tellement libérateur. L'essayer c'est l'adopter. Si tu n'as pas encore réussi à overkiffer ta vie jusqu'à présent, nulle doute que ce livre t'offrira la clé qu'il te manque pour y parvenir. Merci de m'avoir lu et d'avoir acquis cet ouvrage. Je te souhaite le meilleur dans tous les domaines et de vivre une vie

pleine d'overkiffance. Dès maintenant et
pour toujours ✌